Copyright

CONTENU

APPENDICE

Le Feedback en Trois Étapes: Apprenez à donner un retour constructif et équilibré.

La Méthode SMART pour la Fixation d'Objectifs: Développer des objectifs Spécifiques, Mesurables, Atteignables, Réalistes et Temporellement définis.

Les Outils de Gestion du Temps: Comment utiliser la matrice Eisenhower et d'autres techniques de priorisation.

La Gestion des Conflits: Techniques pour désamorcer les tensions au sein de l'équipe.

INTRODUCTION

Le leadership est un art subtil qui ne repose pas uniquement sur la gestion des équipes ou des projets. Il incarne une vision claire, une capacité à inspirer les autres, et une aptitude à surmonter les défis pour atteindre des objectifs communs. Cependant, les leaders rencontrent souvent des obstacles qui peuvent nuire à leur efficacité. Cet ouvrage explore les défis fondamentaux rencontrés par les leaders et propose des solutions pratiques pour les surmonter.

Ce livre met aussi en lumière l'importance d'un leadership conscient, humain et stratégique. Il vise à accompagner tout leader, novice ou expérimenté, dans sa quête d'efficacité et de succès durable.

LE MANQUE DE VISION CLAIRE

«Un Leader sans une vision claire est comme un navire sans boussole. Lorsque les dirigeants ne savent pas exactement où ils veulent mener leur équipe, cela crée la confusion et un manque de direction. Les employés se sentent perdus et démotivés, cela affecte directement la productivité.»

Le Leader développe une vision claire qui inspire et donne un sens à chaque action, il doit suivre plusieurs étapes clés. Voici comment un leader peut procéder pour créer et articuler une vision inspirante et mobilisatrice:

- **Comprendre le contexte global**

Un leader efficace commence par analyser en profondeur son environnement, tant interne qu'externe. Il doit comprendre:

- **Les forces et faiblesses de son organisation**: Cela inclut une évaluation honnête des ressources disponibles, des compétences de l'équipe, et des limitations actuelles.

- **Les tendances du marché**: Un leader doit avoir une vue d'ensemble sur l'évolution de son secteur d'activité, identifier les opportunités à saisir et les menaces à anticiper.

- **Les attentes des parties prenantes**: Il est essentiel de prendre en compte les aspirations des employés, des clients, des investisseurs, et des partenaires pour que la vision soit en phase avec les attentes de chacun.

- **Définir une mission claire**

La vision doit être fondée sur une mission qui reflète les valeurs et les objectifs de l'organisation. Cette mission est la raison d'être de l'entreprise et doit répondre à des questions comme:

- Pourquoi existons-nous ?
- Quel impact voulons-nous avoir sur notre environnement ou notre communauté ?
- Quels sont nos objectifs à long terme ?

Une mission bien définie offre une boussole qui guide toutes les actions de l'organisation.

- **Formuler des objectifs ambitieux et réalisables**

Une vision doit être inspirante et capable de motiver l'équipe, mais elle doit aussi être ancrée dans la réalité. Pour cela, le leader doit:

- **Fixer des objectifs** qui sont ambitieux afin de pousser l'équipe à sortir de sa zone de confort et à viser l'excellence.

- **S'assurer que ces objectifs sont réalisables** c'est-à-dire qu'ils sont atteignables avec les ressources disponibles et dans un délai raisonnable.

- **Communiquer avec clarté et passion**

Une vision ne peut inspirer que si elle est bien communiquée. Un leader doit être capable de transmettre cette vision avec:

- **Clarté**: La vision doit être simple et compréhensible par tous. Éviter les termes vagues ou trop techniques.

- **Passion**: Un leader doit être enthousiaste et croire profondément en la vision. Cette passion est contagieuse et incitera les autres à s'engager.

- **Impliquer l'équipe dans la co-création de la vision**

Pour qu'une vision inspire réellement, elle doit résonner avec les membres de l'équipe. Le leader doit impliquer ses collaborateurs dans la réflexion et l'élaboration de cette vision. Cette démarche inclut:

- **Organiser des séances** de brainstorming et de réflexion collective.

- **Recueillir les idées** et les attentes de chaque département.

- **S'assurer que la vision reflète** non seulement les ambitions du leader, mais aussi celles de toute l'organisation.

L'implication de l'équipe dans ce processus génère un sentiment de propriété collective et renforce la motivation.

- **Aligner les actions quotidiennes avec la vision**

Une vision n'aura d'impact que si elle est traduite en actions concrètes. Pour cela, le leader doit:

- **Établir des objectifs à court terme** qui s'inscrivent dans la réalisation de la vision globale.

- **S'assurer que chaque membre** de l'équipe comprend comment son rôle et ses tâches quotidiennes contribuent à l'atteinte de la vision.

- **Suivre et mesurer les progrès** régulièrement afin d'ajuster les stratégies si nécessaire et de garder l'équipe sur la bonne voie.

6. Rester flexible et adaptable

Bien qu'une vision soit un guide à long terme, elle doit être suffisamment flexible pour s'adapter aux changements de l'environnement. Un leader doit:

- **Réévaluer régulièrement** la vision en fonction de l'évolution du marché, des nouvelles opportunités, ou des défis imprévus.

- **Ne pas avoir peur** de faire évoluer la vision si cela s'avère nécessaire, tout en maintenant une cohérence avec la mission initiale.

- **Créer un impact émotionnel**

Enfin, une vision inspirante n'est pas seulement rationnelle, elle doit aussi toucher l'émotionnel. Un leader doit montrer comment cette vision peut améliorer la vie des employés, des clients, ou de la société. Cela peut passer par:

- **Des histoires inspirantes** ou des métaphores qui rendent la vision plus tangible.

- **Des exemples concrets** des bénéfices que l'équipe et les parties prenantes tireront de la réalisation de cette vision.

En résumé, un Leader développe une vision claire en comprenant son contexte, en formulant une mission et des objectifs réalistes, en impliquant l'équipe, et en traduisant cette vision en actions concrètes.
Il doit aussi faire preuve de passion et de flexibilité, tout en s'assurant que cette vision touche émotionnellement ceux qui y participent.

LA COMMUNICATION DEFAILLANTE

Un autre défi majeur auquel les Leaders sont confrontés est une communication inefficace. Elle peut se traduire par un manque de transparence, des malentendus fréquents, ou un manque de feedback constructif. Une mauvaise communication crée des tensions internes et réduit la confiance entre les membres de l'équipe et leur Leader.»

Résoudre une communication défaillante dans le leadership est essentiel pour garantir l'efficacité des équipes, prévenir les malentendus et renforcer la cohésion. Voici un ensemble de stratégies que les leaders peuvent mettre en œuvre pour améliorer la communication au sein de leur organisation:

- **Écoute active**

Un leader efficace doit pratiquer l'écoute active pour améliorer la communication. Cela signifie non seulement écouter les mots, mais aussi comprendre les émotions, les préoccupations et les intentions sous-jacentes. Pour améliorer l'écoute active, un leader peut:

- **Accorder toute son attention** à l'interlocuteur, sans interruptions.

- **Répéter ou reformuler** les points clés pour s'assurer d'avoir bien compris.

- **Poser des questions** ouvertes pour obtenir des éclaircissements ou encourager l'échange d'idées.

L'écoute active permet de clarifier les malentendus avant qu'ils ne deviennent des problèmes majeurs et montre aux collaborateurs que leurs opinions sont prises en compte.

- **Créer un environnement de confiance et de transparence**

La confiance et la transparence sont essentielles pour établir une communication saine. Une communication défaillante découle souvent d'un manque de confiance, où les membres de l'équipe hésitent à s'exprimer par peur de répercussions négatives. Pour créer cet environnement, un leader doit:

  - **Être honnête et transparent** dans ses propres communications.

  - **Admettre ses erreurs** et montrer que c'est acceptable d'en faire.

  - **Encourager une communication ouverte** et directe, où chacun peut exprimer ses idées sans crainte de jugement ou de réprimandes.

Les employés se sentent plus à l'aise pour partager des informations critiques et les problèmes sont résolus plus rapidement.

- **_Clarifier les attentes et les messages_**

Une des sources courantes de communication défaillante est le manque de clarté dans les messages. Des instructions floues ou ambiguës peuvent entraîner des erreurs et des incompréhensions. Pour éviter cela, un leader doit:

- **Préciser les objectifs**, les attentes et les responsabilités dans chaque message.

- **Adapter la communication** au public en tenant compte de leur niveau de compréhension, de leur rôle ou de leur expertise.

- **Utiliser des supports** visuels ou écrits pour renforcer les messages oraux, comme des notes de réunion, des présentations ou des tableaux de suivi.

Les collaborateurs comprennent mieux ce qui est attendu d'eux, ce qui réduit les erreurs et les confusions.

- **_Utiliser des outils de communication adaptés_**

Dans les organisations modernes, l'utilisation des bons outils de communication est cruciale pour éviter les défaillances. Chaque type de communication nécessite un outil adapté, que ce soit pour les réunions, la gestion de projet ou les communications informelles. Un leader doit:

- **_Choisir les bons canaux_** pour chaque type de communication. Par exemple, les informations urgentes doivent être communiquées en face à face ou par téléphone, tandis que les détails de projet peuvent être partagés par email ou par des outils de gestion de projet comme Slack, Trello ou Teams.

- **_Standardiser l'utilisation des outils_** pour éviter la dispersion de l'information et assurer que tout le monde utilise les mêmes méthodes de communication.
L'utilisation cohérente des outils permet une meilleure circulation des informations et évite que des messages cruciaux soient perdus.

- **Encourager les feedbacks réguliers**

Un des meilleurs moyens de résoudre une communication défaillante est d'établir un système de feedback constant. Cela permet d'identifier les problèmes de communication dès qu'ils apparaissent et d'ajuster les pratiques au fur et à mesure. Un leader peut:

- **Mettre en place des réunions régulières** pour recueillir les feedbacks des membres de l'équipe sur ce qui fonctionne bien et ce qui peut être amélioré.

- **Instaurer une culture de feedback** dans les deux sens, où les employés sont à l'aise pour donner des retours à leurs supérieurs tout autant que les leaders donnent des retours à leurs collaborateurs.

- **Utiliser les feedbacks pour ajuster** les styles de communication, les fréquences des réunions ou les canaux de diffusion des informations.

Le feedback régulier permet de corriger rapidement les erreurs de communication et d'améliorer les processus de manière continue.

- **Former les équipes à la communication efficace**

Une communication défaillante peut parfois résulter d'un manque de compétences en communication, que ce soit au niveau du leader ou des membres de l'équipe. Pour résoudre cela, un leader peut:

- **Proposer des formations** spécifiques sur la communication, incluant des techniques d'écoute active, de gestion des conflits ou de négociation.

- **Encourager les collaborateurs** à améliorer leurs compétences en communication écrite et orale, en leur fournissant des ressources ou des ateliers.

- **Apprendre à maîtriser** la communication non verbale, qui représente une part importante des échanges interpersonnels (langage corporel, ton de la voix, etc...)

Une équipe formée à la communication est plus capable de transmettre et recevoir les informations de manière claire et efficace, réduisant ainsi les malentendus.

- **Gérer les conflits avec empathie**

Les conflits, souvent liés à des problèmes de communication, peuvent entraîner des tensions et une rupture de dialogue au sein de l'équipe. Un leader doit être capable de gérer ces conflits de manière empathique et constructive:

- **Intervenir rapidement** pour résoudre les conflits avant qu'ils ne s'aggravent.

- **Utiliser la médiation** pour permettre aux parties concernées d'exprimer leurs points de vue dans un cadre neutre.

- **S'assurer que les solutions** sont orientées vers la collaboration et la compréhension mutuelle, et non vers le blâme.

La gestion des conflits avec empathie permet de restaurer la communication entre les parties et renforce la cohésion au sein de l'équipe.

- **_Donner l'exemple_**

Un leader doit incarner le modèle de communication qu'il souhaite voir dans son équipe. Il doit donc:

- **_Faire preuve de clarté_** et de concision dans ses messages.

- **_Communiquer régulièrement_** et ouvertement avec son équipe, en partageant non seulement des informations sur les projets, mais aussi des nouvelles sur les évolutions de l'entreprise.

- **_Montrer l'exemple_** en étant toujours disponible pour répondre aux questions et offrir des explications supplémentaires lorsque c'est nécessaire.

En donnant l'exemple, le leader encourage son équipe à adopter des comportements similaires, ce qui améliore la qualité globale des échanges.

La résolution d'une communication défaillante nécessite un effort conscient de la part du Leader pour créer un environnement de confiance, d'écoute, et de clarté. En s'appuyant sur des outils adaptés, en encourageant les feedbacks, en formant l'équipe et en gérant les conflits de manière empathique, un leader peut transformer une communication défaillante en un véritable atout pour son organisation.

LA RESISTANCE AU CHANGEMENT

«Les leaders sont souvent confrontés à la résistance au changement, tant de la part de leurs équipes que d'eux-mêmes. Le changement est inévitable dans le monde professionnel, qu'il s'agisse de nouvelles technologies, de stratégies ou de cultures organisationnelles. Pourtant, l'incertitude qu'il entraîne génère de la peur, des frustrations et des résistances.»

Éliminer la résistance au changement, qu'elle provienne de soi-même ou de son équipe, est un défi majeur pour tout leader. Le changement peut être perçu comme une source de stress, d'incertitude ou de perte de contrôle. Voici des stratégies concrètes pour surmonter cette résistance au changement au sein du leadership, à la fois pour soi-même et pour son équipe.

- **Prendre conscience de sa propre résistance au changement**

Un leader doit d'abord reconnaître et comprendre ses propres résistances avant de pouvoir aider son équipe à surmonter les leurs. Il peut être réticent au changement pour diverses raisons: la peur de l'échec, l'incertitude ou la perte de confort dans les anciennes méthodes. Stratégies pour surmonter cette résistance:

- **Identifier ses peurs et ses croyances limitantes**: Un leader doit faire une introspection pour identifier ce qui génère sa résistance au changement. Est-ce la peur de l'inconnu ? La crainte de perdre le contrôle ? Le manque de confiance en la nouvelle direction ?

- **Se former et s'informer**: Le manque de connaissance ou de compétences peut amplifier la résistance. Un leader doit investir dans sa propre formation pour comprendre les enjeux du changement et se sentir plus confiant.

- **Adopter une mentalité de croissance**: Il est important de voir le changement non pas comme une menace, mais comme une opportunité d'apprentissage et d'évolution. Un leader doit être capable de s'auto-rassurer en visualisant les bénéfices à long terme du changement.

- **Communiquer la nécessité du changement à l'équipe**

Une des raisons principales pour lesquelles les équipes résistent au changement est le manque de compréhension des raisons qui le sous-tendent. Les employés peuvent ne pas voir la nécessité de modifier leur façon de faire ou de s'adapter à de nouvelles pratiques.

- **Partager la vision**: Un leader doit clairement expliquer pourquoi le changement est nécessaire, en mettant l'accent sur les avantages à long terme pour l'équipe et l'organisation. Il doit relier le changement à la vision globale de l'entreprise, afin que chacun comprenne pourquoi cette transformation est importante.

- **Rendre le changement pertinent pour chacun**: Montrer comment le changement affecte positivement chaque membre de l'équipe. Il est important d'illustrer de manière concrète les bénéfices individuels, comme le développement de nouvelles compétences ou l'amélioration des conditions de travail.

Exemple: Si l'entreprise adopte une nouvelle technologie, expliquer comment cela va simplifier certaines tâches quotidiennes, réduire la charge de travail, ou offrir plus d'opportunités de développement professionnel.

- **Impliquer l'équipe dans le processus de changement**

L'un des moyens les plus efficaces de réduire la résistance au changement est d'impliquer l'équipe dès le début du processus. Lorsque les collaborateurs sont engagés et écoutés, ils se sentent plus investis et plus enclins à accepter le changement. Stratégies d'implication:

- **Co-créer le changement**: Permettre à l'équipe de participer à la conception ou à la mise en œuvre des nouvelles initiatives. Les consulter sur leurs idées et leurs préoccupations renforce le sentiment d'appartenance et d'appropriation du changement.

- **Encourager les feedbacks**: Mettre en place des canaux ouverts pour que les employés puissent partager leurs inquiétudes, leurs suggestions ou leurs critiques concernant le changement. Cela peut être réalisé à travers des réunions, des groupes de discussion, ou des enquêtes anonymes.

- **Déléguer des responsabilités**: Donner à certains membres de l'équipe des rôles de leadership dans la mise en œuvre du changement permet de responsabiliser les individus et de réduire leur réticence.

- **Gérer les émotions et créer un environnement de confiance**

Le changement est souvent émotionnellement difficile, tant pour le leader que pour l'équipe. Il peut générer de l'anxiété, du stress ou même de la frustration. Un leader doit être capable de gérer ces émotions de manière empathique. Stratégies pour gérer les émotions:

- **Pratiquer l'écoute active**: Être disponible pour écouter les préoccupations de chaque membre de l'équipe. Valider leurs sentiments et montrer que leur inconfort est légitime aide à créer un environnement de confiance.

- **Être transparent sur les défis**: Un leader doit admettre que le changement peut comporter des obstacles et des défis. En reconnaissant ces difficultés et en proposant un plan pour y faire face, il inspire confiance et réduit les peurs liées à l'incertitude.

- **Offrir un soutien continu**: Fournir des ressources, des formations ou du mentorat pour aider l'équipe à s'adapter au changement. Le sentiment de soutien diminue l'anxiété et renforce l'engagement.

- **Former l'équipe et donner du temps à l'adaptation**

La résistance au changement est souvent liée à un manque de compétences ou à la peur de ne pas être à la hauteur des nouvelles exigences. Pour surmonter cela, un leader doit s'assurer que l'équipe est bien équipée pour faire face au changement.

Stratégies de formation et d'accompagnement:

- **Proposer des formations ciblées**: Offrir des formations spécifiques pour aider l'équipe à acquérir les compétences nécessaires au changement. Cela peut inclure des formations techniques, des sessions de renforcement des compétences soft, ou des ateliers de développement personnel.

- **_Montrer l'exemple et rester positif_**

Le leadership par l'exemple est essentiel pour réduire la résistance au changement. Si un leader adopte le changement avec une attitude positive et proactive, il encouragera son équipe à suivre son exemple.

Stratégies pour montrer l'exemple:

- Adopter le changement personnellement: Un leader doit démontrer qu'il est prêt à adopter les nouvelles pratiques et à s'adapter aux nouvelles réalités. Cela montre que le changement n'est pas seulement imposé, mais vécu à tous les niveaux de l'organisation.

- Maintenir une attitude positive: Le leader doit rester optimiste quant au processus de changement, même en cas de difficultés. Cette attitude positive inspire confiance et montre que les défis peuvent être surmontés.

Exemple:

Si un nouveau système est mis en place, le Leader doit l'utiliser de manière proactive, montrer ses avantages, et être disponible pour aider l'équipe à le maîtriser.

- **Créer des victoires rapides et célébrer les succès**

L'un des moyens les plus efficaces pour éliminer la résistance au changement est de montrer rapidement des résultats positifs. En générant des "petites victoires", le leader peut renforcer la confiance de l'équipe dans le processus de transformation. Stratégies pour créer des victoires rapides:

- **Fixer des objectifs à court terme**: Décomposer le changement en étapes réalisables, avec des objectifs atteignables à court terme. Ces petites réussites créent un sentiment d'accomplissement et renforcent la motivation.

- **Célébrer les succès**: Reconnaître et célébrer les efforts et les réussites de l'équipe à chaque étape. Cela renforce la confiance et le sentiment de progression.
Célébrer les réussites permet de maintenir une dynamique positive et encourage l'équipe à rester engagée dans le processus de changement.

Éliminer la résistance au changement, que ce soit pour soi-même ou pour son équipe, demande de la patience, de l'empathie et une gestion stratégique. En adoptant une approche transparente, en impliquant l'équipe, en offrant du soutien et en formant les collaborateurs, un leader peut transformer la résistance en une opportunité de croissance et d'innovation. Le changement devient ainsi non seulement acceptable, mais aussi désirable et stimulant pour l'ensemble de l'organisation.

LA MOTIVATION DES EQUIPES

«L'un des plus grands défis d'un leader est de maintenir la motivation de son équipe. Il peut arriver que les employés se sentent démotivés à cause de tâches répétitives, d'une reconnaissance insuffisante, ou d'un manque de perspectives d'évolution. Cela se traduit par une baisse de productivité, des conflits internes et un désengagement général.»

Maintenir la motivation d'une équipe est un défi crucial pour un leader, car une équipe démotivée peut entraîner une baisse de productivité, un désengagement et même des départs. Pour y parvenir, il est essentiel de comprendre les facteurs intrinsèques et extrinsèques de la motivation. Voici des stratégies concrètes qu'un leader peut mettre en place pour créer et maintenir la motivation de son équipe.

- ### *Reconnaître et valoriser le travail*

Le manque de reconnaissance est l'une des principales causes de démotivation. Les employés qui ne se sentent pas valorisés peuvent perdre leur enthousiasme, même s'ils aiment leur travail. Un leader doit créer une culture où la reconnaissance est régulière et significative.
Stratégies pour valoriser les employés:

- *Reconnaissance publique*: Célébrer les succès de l'équipe ou des individus lors de réunions ou par des communications internes, comme des bulletins d'information, des emails ou des publications sur les réseaux sociaux internes.

- *Feedback positif immédiat*: Donner des retours constructifs et positifs rapidement après une tâche accomplie avec succès pour renforcer l'effort et l'engagement.

- **Récompenses adaptées**: Utiliser des récompenses (primes, journées de congé supplémentaires, etc...) en lien avec les objectifs atteints. Cependant, il est important de varier les formes de reconnaissance pour qu'elles restent motivantes.

Les employés se sentent valorisés, ce qui augmente leur sentiment d'appartenance et leur engagement envers l'organisation.

- **Offrir des opportunités de développement et d'évolution**

Les employés qui n'ont pas de perspectives d'évolution ou qui sentent qu'ils stagnent peuvent se démotiver rapidement. Un leader doit fournir des opportunités de développement pour permettre à chacun de progresser. Stratégies pour encourager le développement:

- **Formations continues**: Offrir des formations régulières, que ce soit pour améliorer des compétences techniques ou des soft skills (gestion du temps, communication, leadership, etc...)

- **Encourager les promotions internes**: Promouvoir la mobilité interne pour offrir des perspectives d'évolution de carrière, même si cela inclut de passer à des responsabilités latérales avant une montée en grade.

- **_Plan de carrière personnalisé_**: Collaborer avec chaque employé pour créer un plan de développement personnel à long terme, en établissant des objectifs clairs et réalisables.

Les employés qui voient une trajectoire claire pour leur avenir au sein de l'entreprise sont plus susceptibles de rester motivés et engagés.

- **Créer un environnement de travail stimulant et agréable**

L'environnement de travail a un impact direct sur la motivation. Un cadre trop rigide, des tâches répétitives et un manque de flexibilité peuvent conduire à l'ennui et à la démotivation. Un leader doit favoriser un climat où chacun se sent épanoui et capable de contribuer de manière créative.

Stratégies pour améliorer l'environnement de travail:

- **Enrichir les tâches**: Varier les missions en proposant des projets différents et en encourageant la prise d'initiative. Permettre aux employés de participer à des tâches ou projets transversaux, hors de leurs responsabilités habituelles.

- **Flexibilité**: Offrir des horaires de travail flexibles, voire la possibilité de télétravail, pour permettre aux employés de mieux concilier vie professionnelle et vie personnelle.

- **Espaces de travail ergonomiques et conviviaux**: Investir dans l'amélioration des espaces de travail pour rendre l'environnement plus agréable (espaces de détente, espaces collaboratifs, outils technologiques adaptés).

Un environnement stimulant et flexible augmente le bien-être des employés, qui se sentent plus motivés et plus engagés.

- **Impliquer l'équipe dans la prise de décisions**

Les employés qui se sentent impliqués dans la prise de décision se sentent également plus responsables et motivés. Un leadership participatif favorise l'engagement et renforce la confiance au sein de l'équipe.

Stratégies pour impliquer l'équipe:

- **Donner plus d'autonomie**: Accorder plus de liberté à l'équipe dans la gestion de leurs tâches quotidiennes. Cela montre que le leader a confiance dans leurs compétences et jugement.

- **Encourager les idées**: Créer des forums ou des réunions où les employés peuvent partager leurs idées et suggestions d'amélioration. En prenant en compte ces idées et en les mettant en pratique, le leader montre qu'il valorise l'opinion de ses collaborateurs.

- **Décentraliser certaines décisions**: Donner aux employés la possibilité de prendre des décisions dans leur propre domaine de responsabilité, ce qui les rend plus engagés dans les résultats.

Les employés se sentent écoutés, responsables et plus investis dans le succès global de l'organisation.

- **Définir des objectifs clairs et stimulants**

Des objectifs flous ou trop éloignés de la réalité peuvent entraîner une démotivation, car les employés ne savent pas exactement ce qui est attendu d'eux. Un leader doit fixer des objectifs SMART (Spécifiques, Mesurables, Atteignables, Réalistes et Temporels) pour offrir une direction claire à l'équipe.

Stratégies pour définir des objectifs motivants:

- **Aligner les objectifs individuels sur les objectifs organisationnels**: Montrer comment les contributions de chaque employé s'inscrivent dans la réalisation des objectifs globaux de l'entreprise.

- **Fixer des défis stimulants**: Proposer des objectifs ambitieux mais réalisables, qui incitent les employés à sortir de leur zone de confort et à se surpasser.

- **Revoir régulièrement les progrès**: Organiser des points réguliers pour évaluer l'avancée vers les objectifs et ajuster si nécessaire. Cela montre aux employés que leur travail est suivi et reconnu.

Des objectifs clairs et atteignables renforcent la concentration et la motivation de l'équipe à les réaliser.

- **Favoriser la collaboration et l'esprit d'équipe**

La collaboration et la cohésion d'équipe jouent un rôle clé dans la motivation des employés. Un environnement où les relations sont tendues ou concurrentielles peut nuire à la productivité et à l'engagement. Un leader doit créer un climat de travail fondé sur la coopération et la confiance. Stratégies pour renforcer la collaboration:

- **Encourager le travail d'équipe**: Proposer des projets collectifs et encourager les employés à travailler ensemble pour atteindre des objectifs communs.

- **Organiser des activités de team-building**: Planifier des activités informelles ou des événements sociaux (déjeuners d'équipe, séminaires, activités sportives) pour renforcer les liens et créer un sentiment de communauté.

- **Promouvoir la communication ouverte**: Créer un environnement où la communication est transparente, où les membres de l'équipe peuvent exprimer leurs idées, poser des questions et donner des feedbacks sans crainte.

Une équipe soudée et collaborative est plus motivée, car les membres se soutiennent mutuellement et se sentent plus connectés à la mission collective.

- **_Reconnaître l'importance de l'équilibre vie professionnelle/vie personnelle_**

Un déséquilibre entre la vie professionnelle et personnelle peut rapidement conduire à l'épuisement, à la baisse de motivation, voire au burnout. Un leader doit veiller à ce que ses collaborateurs puissent gérer leur temps de manière à maintenir cet équilibre. Stratégies pour favoriser cet équilibre:

- **Encourager le respect des horaires**: Favoriser une culture où les employés ne sont pas encouragés à travailler de longues heures sans pause, et où les heures supplémentaires sont exceptionnelles.

- **Soutien au bien-être**: Proposer des programmes de bien-être (comme le soutien psychologique, les activités sportives ou de méditation) et inciter les employés à prendre des pauses régulières.

- **Encourager les congés**: S'assurer que les employés prennent leurs jours de congé pour se ressourcer et éviter le surmenage.

Un meilleur équilibre entre vie professionnelle et vie personnelle réduit le stress, améliore la satisfaction au travail et renforce la motivation à long terme.

Pour créer et maintenir la motivation de son équipe, un leader doit adopter une approche holistique qui reconnaît les besoins individuels et collectifs. En valorisant le travail de chacun, en offrant des opportunités d'évolution, en créant un environnement stimulant, en favorisant l'autonomie et la collaboration, et en promouvant un équilibre sain entre la vie professionnelle et personnelle, un leader peut transformer une équipe démotivée en une force productive, créative et engagée. La clé est de rester à l'écoute, d'être proactif et d'ajuster continuellement les stratégies de motivation en fonction des besoins et des défis de l'équipe.

L'INTELLIGENCE
EMOTIONNELLE

«Un leader sans intelligence émotionnelle risque de ne pas comprendre les besoins émotionnels de son équipe, ce qui peut créer un environnement de travail toxique. L'absence d'empathie et de gestion émotionnelle de la part du leader peut entraîner des conflits, de l'épuisement professionnel et un turnover élevé.»

Le développement de l'intelligence émotionnelle est essentiel pour tout leader souhaitant créer un environnement de travail sain, collaboratif et productif. L'intelligence émotionnelle (IE) inclut la capacité à comprendre et gérer ses propres émotions, ainsi que celles des autres. Un leader qui néglige cette compétence peut entraîner un climat de travail toxique, caractérisé par des conflits, de la frustration, et un manque de motivation. Voici des stratégies concrètes qu'un leader peut mettre en œuvre pour développer son intelligence émotionnelle.

- **Développer la conscience de soi**

La conscience de soi est la pierre angulaire de l'intelligence émotionnelle. Un leader doit être capable d'identifier et de comprendre ses propres émotions, ainsi que les effets de celles-ci sur ses décisions et comportements. Sans cette conscience, il est difficile de réguler ses émotions ou d'interagir de manière empathique avec les autres.

Stratégies pour améliorer la conscience de soi:

- **Prendre le temps de la réflexion personnelle**: Consacrer des moments réguliers à l'introspection. Il peut s'agir de faire le point en fin de journée sur ses émotions, ses réactions, et leurs impacts sur les autres. Tenir un journal émotionnel peut être une méthode efficace pour cette introspection.

- **Demander du feedback**: Solliciter des retours honnêtes de la part de ses collègues, employés, ou supérieurs sur son comportement émotionnel. Cela permet d'identifier des zones d'amélioration que l'on pourrait ignorer.

- **Pratiquer la pleine conscience (mindfulness)**: Adopter des pratiques de méditation ou des exercices de respiration peut aider à mieux comprendre ses propres émotions en temps réel et à rester ancré dans le moment présent.

Une conscience de soi accrue permet à un leader de mieux réguler ses émotions et d'éviter les réactions impulsives ou disproportionnées.

- ● **Améliorer la gestion de ses émotions**

Une fois conscient de ses émotions, un leader doit apprendre à les gérer de manière constructive. Cela implique de ne pas se laisser submerger par ses émotions, qu'elles soient positives ou négatives, et de maintenir une attitude professionnelle même dans des situations de stress ou de conflit.

Stratégies pour mieux gérer ses émotions:

- **Techniques de gestion du stress**: Apprendre à utiliser des techniques de relaxation, comme la respiration profonde ou la visualisation, peut aider à calmer les émotions intenses dans des moments de tension.

- **Prendre du recul avant d'agir**: En cas de conflit ou de stress, prendre une pause avant de répondre permet de réfléchir à la meilleure manière de réagir, plutôt que de répondre sous le coup de l'émotion.

- *Établir des limites claires*: Gérer ses propres niveaux d'énergie et reconnaître ses limites est crucial pour éviter l'épuisement émotionnel. Un leader doit savoir dire non ou déléguer certaines tâches lorsque c'est nécessaire.

Un leader qui gère efficacement ses émotions crée un environnement de travail plus stable et prévisible, inspirant confiance et respect parmi son équipe.

• Développer l'empathie

L'empathie est la capacité de comprendre et de partager les émotions des autres. C'est un élément clé de l'intelligence émotionnelle, car elle permet à un leader de se connecter à son équipe, d'anticiper leurs besoins, et de mieux répondre à leurs préoccupations.

Stratégies pour cultiver l'empathie:

- *Pratiquer l'écoute active*: Porter une attention totale à ce que disent les autres, sans les interrompre ni préparer une réponse pendant qu'ils parlent. L'écoute active implique également de poser des questions pour clarifier et démontrer que l'on s'intéresse vraiment à ce qui est dit.

- *Observer les signaux non verbaux*: Prendre en compte le langage corporel, le ton de voix et les expressions faciales des autres pour comprendre leurs émotions, même lorsqu'elles ne sont pas exprimées verbalement.

- *Mettre en pratique la "perspective-taking"*: Essayer de se mettre à la place des autres pour comprendre leurs émotions et leurs points de vue. Cela aide à être plus sensible aux besoins et aux préoccupations de l'équipe.

L'empathie aide un leader à créer un climat de confiance et de soutien, où les employés se sentent compris et valorisés.

- **Renforcer ses compétences sociales**

Les compétences sociales font partie intégrante de l'intelligence émotionnelle. Elles permettent au leader de mieux interagir avec les autres, de résoudre les conflits de manière constructive et de maintenir une communication efficace.

Stratégies pour améliorer les compétences sociales:

- **Encourager la collaboration**: Favoriser des environnements de travail où la collaboration est encouragée, plutôt que la compétition. Cela peut être fait en initiant des projets d'équipe, en organisant des réunions de brainstorming, ou en mettant en place des mécanismes de feedback réguliers.

- **Savoir gérer les conflits**: Un leader émotionnellement intelligent doit être capable de désamorcer les tensions et de résoudre les conflits de manière diplomatique. Cela implique de reconnaître les émotions des deux parties et de trouver des solutions équitables qui respectent les intérêts de chacun.

- **Adapter sa communication**: Un leader doit savoir ajuster son style de communication en fonction de ses interlocuteurs. Cela signifie comprendre quand il faut être direct, quand il faut être plus diplomatique, et comment s'assurer que les messages sont bien compris par tous.

Des compétences sociales développées permettent au leader de mieux fédérer son équipe, de gérer les différends avec tact, et de maintenir un climat de travail harmonieux.

- ## *Susciter la motivation personnelle et collective*

Un leader émotionnellement intelligent sait comment motiver non seulement son équipe, mais aussi lui-même. La motivation intrinsèque découle de la satisfaction personnelle que l'on tire de son travail, tandis que la motivation extrinsèque provient des récompenses ou de la reconnaissance extérieure.

Stratégies pour encourager la motivation:

- **Définir un sens et un objectif**: Aider les employés à voir la finalité de leur travail, et comment il contribue à des objectifs plus larges. Un leader doit être capable de relier le travail quotidien aux valeurs fondamentales de l'organisation.

- **Encourager l'autonomie**: Donner à l'équipe plus de contrôle sur la manière dont elle accomplit ses tâches peut renforcer la motivation intrinsèque. Les employés qui se sentent autonomes sont plus engagés et plus motivés.

- **Reconnaître les accomplissements**: Ne pas hésiter à célébrer les petites et grandes réussites de l'équipe. La reconnaissance régulière renforce la motivation et l'engagement.

Un leader qui comprend les moteurs de la motivation personnelle et collective réussit à maintenir un haut niveau d'engagement au sein de l'équipe.

- **Travailler sur la régulation émotionnelle collective**

Un leader doit également être capable de réguler les émotions au sein de l'équipe. Cela signifie maintenir un climat émotionnellement sain, où les tensions sont gérées de manière proactive et où les émotions positives sont encouragées.

Stratégies pour gérer les émotions de l'équipe:

- **Favoriser une culture d'ouverture**: Encourager les employés à exprimer leurs émotions et à partager leurs préoccupations sans crainte de représailles. Cela peut se faire en créant des canaux de communication ouverts et en modélisant ce comportement soi-même.

- **Désamorcer les émotions négatives**: Lorsqu'il y a des tensions ou des émotions négatives, un leader doit intervenir rapidement pour comprendre la cause et proposer des solutions. Cela peut impliquer des médiations ou des discussions ouvertes en équipe.

- **Encourager la positivité**: Promouvoir un climat de travail basé sur le respect, la gratitude et le soutien mutuel. Des gestes simples comme des remerciements, des encouragements, ou des célébrations d'équipe peuvent faire une grande différence dans le moral de l'équipe.

Un leader qui gère bien les émotions collectives favorise un climat de travail harmonieux, productif et stimulant pour tous.

Développer son intelligence émotionnelle est essentiel pour devenir un leader efficace et inspirant. Cela nécessite une réflexion personnelle, une gestion proactive des émotions, une écoute attentive et une empathie sincère. En renforçant ces compétences, un leader peut non seulement améliorer ses propres interactions, mais aussi créer un environnement de travail positif, où chaque membre de l'équipe se sent compris, valorisé et soutenu. Au final, cela conduit à une meilleure productivité, un plus grand engagement et une culture organisationnelle plus forte.

LES DECISIONS
INEFFICACES

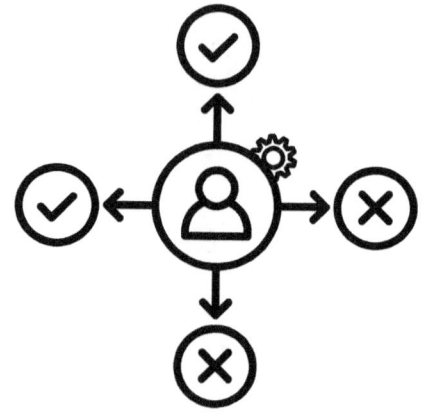

«Une mauvaise prise de décision peut rapidement nuire à la crédibilité d'un leader et compromettre l'avenir d'une organisation. Une prise de décision inefficace peut être due à un manque d'informations, à des biais personnels ou à la peur de l'échec.»

Une prise de décision inefficace peut avoir des conséquences désastreuses pour un leader et son organisation. Elle peut affecter la crédibilité du leader, compromettre la performance de l'équipe, et même mettre en péril l'avenir de l'organisation. Pour éviter ces pièges, un leader doit non seulement améliorer ses compétences en matière de prise de décision, mais aussi créer un environnement qui favorise la prise de décisions éclairées et objectives. Voici des stratégies pour éviter les mauvaises décisions ou des décisions inefficaces.

• *Recueillir des informations complètes et fiables*

Un manque d'information est l'une des principales causes des mauvaises décisions. Prendre une décision sans avoir une vue d'ensemble de la situation peut mener à des erreurs, car certaines données cruciales peuvent être ignorées.

Stratégies pour recueillir les bonnes informations:

- *Effectuer une analyse approfondie*: Avant de prendre une décision, il est essentiel de rassembler toutes les informations pertinentes. Cela peut impliquer de consulter des données internes, d'analyser le marché, d'étudier la concurrence, ou de solliciter l'avis d'experts.

- *S'appuyer sur des sources variées*: Ne pas se limiter à une seule source d'information. Diversifier les points de vue permet de réduire le risque de biais ou d'erreurs factuelles.

- *Encourager la transparence*: Créer une culture où les employés partagent librement les informations importantes et signalent les problèmes potentiels. Les décisions basées sur des informations incomplètes ou biaisées peuvent être évitées si l'équipe se sent en confiance pour partager ce qu'elle sait.

Des décisions éclairées, basées sur des informations fiables et complètes, sont plus solides et moins sujettes à des erreurs ou à des surprises inattendues.

- ## *Éviter les biais cognitifs*

Les biais cognitifs sont des distorsions dans le jugement qui peuvent influencer les décisions de manière irrationnelle. Ils sont souvent inconscients, ce qui les rend difficiles à détecter. Un leader doit être conscient de ces biais et mettre en place des méthodes pour les contourner.

Stratégies pour éviter les biais:

- **Prendre du recul avant de décider**: Les biais tels que l'effet de halo, le biais de confirmation, ou le biais d'ancrage peuvent affecter la manière dont un leader analyse les informations. Il est important de prendre du recul, d'analyser objectivement les données et de questionner ses propres préjugés.

- **Impliquer des tiers pour obtenir des avis extérieurs**: Solliciter des avis externes, comme ceux de collègues ou de mentors, permet de confronter différentes perspectives et de remettre en question ses propres idées.

- **Utiliser des outils d'aide à la décision**: Les outils analytiques, les tableaux de bord ou les modèles de prise de décision peuvent aider à réduire les biais en structurant le processus de manière plus objective et rigoureuse.

En réduisant l'influence des biais cognitifs, un leader prend des décisions plus rationnelles et justifiées, améliorant ainsi la qualité globale de ses choix.

- ***Développer une prise de décision collaborative***

Un leader ne doit pas toujours prendre des décisions de manière isolée. En impliquant d'autres membres de l'équipe dans le processus décisionnel, il peut bénéficier d'une diversité d'opinions, de perspectives et de compétences. Cela permet d'éviter des décisions mal informées ou biaisées.

Stratégies pour favoriser la collaboration:

- **Créer des groupes de travail**: Pour les décisions importantes, constituer un groupe de travail composé de personnes aux compétences et expériences diverses. Cela permet d'élargir la vision du problème et d'apporter des solutions plus innovantes et complètes.

- **Encourager le débat constructif**: Créer un environnement où les membres de l'équipe se sentent à l'aise pour exprimer leurs idées, poser des questions et remettre en question les options proposées.

- **Organiser des sessions de brainstorming**: Avant de prendre une décision finale, permettre à l'équipe de générer un large éventail d'idées et d'options, en les examinant toutes de manière critique.

Une décision prise de manière collaborative est souvent plus complète, car elle tient compte d'un éventail plus large de points de vue et d'expertises.

- **_Adopter une approche structurée pour la prise de décision_**

Une approche structurée permet de prendre des décisions de manière plus réfléchie, en évitant les décisions impulsives ou précipitées. Cela aide à analyser toutes les options et à identifier les risques associés à chaque choix.

Stratégies pour structurer la prise de décision:

- **Utiliser des modèles décisionnels**: Des outils comme l'analyse SWOT (Forces, Faiblesses, Opportunités, Menaces) ou la matrice d'Eisenhower permettent de structurer la prise de décision et d'analyser systématiquement chaque option.

- **Évaluer les risques et les bénéfices**: Pour chaque option, évaluer les risques potentiels, les coûts, et les avantages à court et à long terme. Cela permet de choisir l'option qui maximise les bénéfices tout en minimisant les risques.

- **Prendre le temps nécessaire**: Ne pas se précipiter. Si une décision doit être prise rapidement, cela peut entraîner des erreurs. Il est préférable de prendre le temps nécessaire pour analyser toutes les options et leurs implications.

Une approche structurée garantit que toutes les options sont bien pesées, réduisant le risque d'une mauvaise décision.

- ## *Développer la résilience face à l'incertitude*

La peur de l'échec ou de l'incertitude peut pousser un leader à prendre des décisions par défaut, sans vraiment évaluer toutes les alternatives. Un leader doit apprendre à gérer l'incertitude et à prendre des décisions en l'absence d'informations complètes.

Stratégies pour surmonter la peur de l'incertitude:

*- **Accepter l'incertitude comme une partie du processus**: Un leader doit reconnaître qu'il ne peut jamais avoir toutes les informations et que certaines décisions doivent être prises malgré l'incertitude. Cela implique de développer une tolérance au risque.*

*- **Préparer des plans d'urgence**: Pour les décisions comportant une grande part d'incertitude, établir des plans de contingence. Cela permet d'avoir une solution de repli si les choses ne se passent pas comme prévu.*

*- **Analyser les décisions passées**: Prendre le temps d'examiner les décisions passées, notamment celles qui ont échoué. Cela permet d'en tirer des leçons et de mieux comprendre les risques futurs.*

Un leader capable de gérer l'incertitude sans se laisser paralyser prend des décisions plus efficaces, même dans des situations complexes ou ambiguës.

- ***Apprendre de ses erreurs***

Les mauvaises décisions peuvent être des opportunités d'apprentissage. Un leader qui refuse d'admettre ses erreurs ou qui ne tire pas de leçons des échecs passés est condamné à les répéter. L'humilité et la volonté d'apprendre sont donc essentielles pour améliorer continuellement la qualité des décisions.

Stratégies pour apprendre de ses erreurs:

- **Analyser objectivement les échecs**: Après une décision infructueuse, mener une analyse post-mortem pour identifier ce qui n'a pas fonctionné, sans chercher à blâmer. Cela permet de comprendre les erreurs et de ne pas les répéter.

- **Accepter la responsabilité**: Un leader doit assumer la responsabilité de ses décisions, même lorsqu'elles échouent, plutôt que de rejeter la faute sur d'autres. Cela démontre un leadership mature et incite l'équipe à faire de même.

- **Mettre en place des processus d'amélioration continue**: Créer des mécanismes permettant de recueillir régulièrement des retours et d'améliorer les processus de prise de décision.

L'apprentissage continu permet à un leader d'affiner ses compétences décisionnelles et d'éviter de répéter les mêmes erreurs.

- **_Faire confiance à son intuition, mais avec prudence_**

L'intuition peut être un outil puissant, surtout pour les leaders expérimentés. Cependant, elle doit être utilisée avec discernement et ne pas remplacer une analyse rationnelle des faits. L'intuition seule, sans validation, peut conduire à des erreurs. Stratégies pour utiliser l'intuition de manière équilibrée:

- **_Valider les intuitions avec des données_**: Lorsqu'une intuition surgit, il est important de la confronter aux faits et aux données disponibles avant de prendre une décision finale.

- **_S'appuyer sur l'expérience_**: Plus un leader est expérimenté, plus son intuition est susceptible d'être fiable, car elle repose sur des schémas observés au fil du temps. Toutefois, même un leader expérimenté doit garder à l'esprit que chaque situation est unique.

- **_Combiner intuition et logique_**: Utiliser l'intuition pour générer des idées, mais les valider ensuite par une réflexion logique et une analyse critique.

Un leader qui sait équilibrer l'intuition et la réflexion analytique peut prendre des décisions plus rapidement, tout en s'assurant qu'elles sont bien fondées.

Pour éviter les mauvaises décisions ou les décisions inefficaces, un leader doit adopter une approche réfléchie et structurée, en s'appuyant sur des informations fiables, en évitant les biais cognitifs, et en impliquant son équipe dans le processus. La gestion de l'incertitude, l'apprentissage constant et la capacité à équilibrer intuition et analyse sont également des compétences cruciales. En développant ces aptitudes, un leader

LA GESTION DU TEMPS ET DES PRIORITES

«Le manque de temps est un défi récurrent pour la plupart des leaders. Entre les réunions, la gestion d'équipe, les projets et les imprévus, il est facile de perdre de vue les priorités, ce qui entraîne du stress et une baisse de productivité.»

La gestion du temps est un défi majeur pour les leaders en raison de la diversité et de la complexité de leurs responsabilités. Entre les réunions, la prise de décisions, les projets urgents, et les imprévus, il est facile de se laisser déborder, ce qui peut entraîner du stress, une diminution de l'efficacité et des erreurs dans la gestion des priorités. Pour mieux gérer leur temps, les leaders doivent adopter des stratégies efficaces pour structurer leur travail, prioriser les tâches et optimiser leurs ressources. Voici quelques actions qu'un leader peut entreprendre pour améliorer sa gestion du temps.

- **Définir clairement ses priorités**

Les leaders doivent être capables de différencier les tâches importantes des tâches urgentes. Il est courant de se concentrer sur des activités qui semblent urgentes mais qui ne sont pas vraiment prioritaires. Pour bien gérer son temps, il est essentiel de savoir quels projets et tâches méritent le plus d'attention et de ressources.

Stratégies pour définir ses priorités:

- **Utiliser la matrice d'Eisenhower**: Cet outil de gestion du temps aide à classer les tâches en quatre catégories : urgentes et importantes, importantes mais non urgentes, urgentes mais non importantes, et non urgentes/non importantes. Cela permet de se concentrer sur ce qui compte vraiment.

- **Établir des objectifs clairs et mesurables**: Définir des objectifs à court, moyen et long terme permet de maintenir un cap et de concentrer les efforts sur les tâches qui contribuent à l'atteinte de ces objectifs.

- **Faire des revues régulières des priorités**: Les priorités peuvent changer rapidement, surtout dans un environnement dynamique. Un leader doit régulièrement réévaluer ses priorités pour s'assurer qu'il travaille sur les bonnes choses au bon moment.

En priorisant les tâches critiques, un leader maximise son impact tout en minimisant le risque de perdre du temps sur des activités secondaires.

- **Planifier et structurer ses journées**

Une bonne planification est essentielle pour gérer son temps efficacement. Cela permet d'éviter la surcharge et les imprévus qui perturbent les projets. La structuration de la journée aide à éviter la procrastination et à gérer les tâches en fonction de leur priorité.

Stratégies pour mieux planifier son temps:

- **Bloquer des plages horaires dédiées**: Réserver des plages horaires spécifiques pour les tâches importantes et complexes permet de rester concentré sans être interrompu. Par exemple, réserver une partie de la journée pour les tâches de réflexion stratégique ou la gestion des projets.

- **Utiliser des outils de gestion du temps**: Des outils comme les calendriers en ligne (Google Calendar, Outlook) ou les applications de gestion de tâches (Trello, Asana) permettent de mieux organiser son temps et de visualiser l'ensemble des tâches à accomplir.

- **Prévoir des marges pour les imprévus**: Les imprévus sont inévitables. Il est donc important de prévoir des marges dans l'agenda pour les urgences ou les problèmes inattendus.

Une journée bien planifiée permet de réduire les pertes de temps, d'augmenter la productivité et de limiter le stress lié aux imprévus.

- **Apprendre à déléguer efficacement**

Beaucoup de leaders se sentent obligés de tout contrôler, ce qui conduit à une surcharge de travail et à une perte de temps. La délégation est une compétence essentielle pour tout leader souhaitant se concentrer sur ses tâches à haute valeur ajoutée. Stratégies pour déléguer efficacement:

- **Identifier les tâches à déléguer**: Tout ce qui ne nécessite pas directement l'implication du leader peut être délégué à des membres compétents de l'équipe. Cela inclut les tâches administratives, les rapports, et certaines décisions opérationnelles.

- **Faire confiance à l'équipe**: Un bon leader doit avoir confiance dans les compétences de son équipe. Pour que la délégation soit efficace, il faut donner les bonnes instructions et laisser l'autonomie nécessaire pour accomplir les tâches.

- **Former et responsabiliser les collaborateurs**: Pour déléguer sereinement, il est important de former les membres de l'équipe afin qu'ils puissent gérer des responsabilités supplémentaires et les encourager à prendre des initiatives.

La délégation permet au leader de libérer du temps pour se concentrer sur des tâches plus stratégiques, tout en développant les compétences et l'autonomie de l'équipe.

- **Appliquer la règle des "3D" : Déléguer, Différer, Supprimer**

Pour éviter l'accumulation de tâches inutiles et le surmenage, un leader doit savoir évaluer rapidement quelles tâches peuvent être déléguées, différées ou supprimées. Cette méthode aide à filtrer les distractions et les tâches non essentielles.
Stratégies pour appliquer la règle des 3D:

- **Déléguer**: Comme mentionné précédemment, tout ce qui peut être fait par un autre membre de l'équipe doit être délégué pour que le leader puisse se concentrer sur ses priorités.

- **Différer**: Certaines tâches, bien que nécessaires, peuvent être reportées à plus tard, lorsque le calendrier est moins chargé ou lorsque les priorités changent.

- **Supprimer**: Identifier les tâches qui ne sont ni urgentes ni importantes et les éliminer ou les simplifier. Cela inclut les activités à faible valeur ajoutée, comme des réunions inutiles ou des e-mails répétitifs.

Cette approche permet de réduire le nombre de tâches non essentielles et de se concentrer uniquement sur ce qui compte vraiment.

• Gérer les réunions de manière productive

Les réunions peuvent consommer une grande partie du temps d'un leader, souvent sans produire de résultats significatifs. Il est donc crucial de les gérer de manière efficace pour éviter qu'elles ne deviennent une perte de temps.

Stratégies pour optimiser les réunions:

- Limiter la durée des réunions: Imposer une durée maximale pour les réunions (par exemple, 30 minutes) oblige à se concentrer sur l'essentiel et à éviter les digressions inutiles.

- **Avoir un ordre du jour clair et précis**: Chaque réunion doit avoir un objectif clair, un ordre du jour structuré, et les sujets à aborder doivent être définis à l'avance. Cela aide à rester concentré sur les points importants et à éviter les discussions non pertinentes.

- **Inviter uniquement les personnes concernées**: Réduire le nombre de participants aux réunions en incluant uniquement ceux qui sont directement concernés par les sujets abordés.

Des réunions bien gérées sont plus efficaces, consomment moins de temps et produisent des résultats concrets et actionnables.

- ## **Limiter les distractions et interruptions**

Les interruptions fréquentes perturbent le flux de travail et réduisent la productivité. Il est donc essentiel pour un leader de créer un environnement de travail qui minimise les distractions. Stratégies pour limiter les distractions:

- **Définir des moments sans interruption**: Réserver des moments dans la journée où il n'y a pas de réunions, d'appels ou d'e-mails, afin de se concentrer pleinement sur les tâches importantes.

- **Établir des règles de communication**: Par exemple, informer les employés que certaines plages horaires sont réservées à la concentration, ou qu'il ne faut être interrompu que pour des urgences. Encourager l'équipe à utiliser les e-mails ou les messages différés plutôt que de solliciter des interactions instantanées.

- **Utiliser des outils anti-distraction**: Des applications comme "Focus@Will", "RescueTime" ou "Forest" peuvent aider à rester concentré en bloquant les distractions numériques.
Un environnement de travail plus serein et concentré permet d'améliorer la productivité, de réduire le stress et de travailler de manière plus efficace.

- ### **Adopter la règle du 80/20 (loi de Pareto)**

La loi de Pareto suggère que 80% des résultats proviennent de 20% des efforts. Appliquer ce principe à la gestion du temps permet de se concentrer sur les tâches à haute valeur ajoutée qui génèrent les plus grands résultats.

Stratégies pour appliquer la règle du 80/20:

- **Identifier les tâches les plus productives**: Analyser les tâches et déterminer lesquelles produisent le plus grand impact sur les résultats. Prioriser ces tâches et réduire le temps consacré à des activités secondaires.

- **Éliminer les tâches à faible rendement**: Consacrer moins de temps aux tâches qui n'apportent pas de résultats significatifs ou qui peuvent être déléguées.

En se concentrant sur les 20% de tâches qui produisent 80% des résultats, un leader optimise son temps et maximise son impact.

- **Prendre soin de sa santé mentale et physique**

Une mauvaise gestion du temps peut entraîner du stress et de l'épuisement. Pour être efficace, un leader doit veiller à son bien-être mental et physique. Cela inclut le repos, l'exercice, et la prise de pauses régulières.

Stratégies pour prendre soin de soi:

- **Prendre des pauses régulières**: Des pauses régulières aident à maintenir un niveau élevé de concentration et à éviter l'épuisement. La méthode Pomodoro, qui consiste à travailler pendant 25 minutes puis à prendre une courte pause, peut-être une méthode efficace.

- **Faire de l'exercice physique**: L'exercice aide à améliorer la concentration, la gestion du stress et la productivité. Intégrer de l'activité physique dans la routine quotidienne permet de rester en forme mentalement et physiquement.

- **Déléguer le temps de repos**: Un leader doit savoir se déconnecter de son travail lorsqu'il n'est pas nécessaire d'être présent. Cela implique aussi de s'accorder du temps pour soi et de déléguer certaines responsabilités pour éviter de travailler en permanence.

Un leader en bonne santé est plus concentré, plus énergique et mieux préparé à gérer efficacement son temps.

Pour bien gérer son temps, un leader doit définir ses priorités, structurer ses journées, déléguer efficacement, et éliminer les distractions inutiles. En adoptant une approche méthodique et en optimisant l'utilisation de son temps, il peut non seulement améliorer sa propre productivité, mais aussi celle de son équipe, tout en évitant le stress et l'épuisement.

CONCLUSION

Le leadership n'est pas une qualité innée mais un ensemble de compétences que l'on peut développer avec le temps et l'expérience. Les leaders qui réussissent à surmonter les défis décrits dans cet ouvrage sont ceux qui font preuve d'humilité, d'écoute et d'une volonté constante de s'améliorer. Ils ne voient pas les obstacles comme des entraves, mais comme des opportunités d'apprentissage et de croissance. En adoptant les solutions proposées, chaque leader peut non seulement améliorer sa propre efficacité, mais aussi inspirer son équipe à atteindre de nouveaux sommets.